DU SERMENT

AUX

ÉLECTIONS.

DIVISION DE L'OPUSCULE.

Poitiers, ce juin 1834.

DU SERMENT

AUX

ÉLECTIONS.

Hominibus corde et sensu rectis.

OPUSCULE

DÉDIÉ

AUX ESPRITS ET AUX COEURS DROITS.

Dieu en vain ne jureras ni mentiras
aucunement.
DÉCALOGUE.

PAR UN ÉLECTEUR INDÉPENDANT.

Poitiers,

IMPRIMERIE DE F.-A. SAURIN.

JUIN 1834.

DU SERMENT

AUX

ÉLECTIONS.

Hominibus corde et sensu rectis.

CHAPITRE PREMIER.

Exposé et définition du serment politique. — Allocution à la jeune France. — Fausse position des royalistes assermentés, aux Chambres ; ses conséquences funestes.

> Que d'un impôt sans mesure
> On m'accable, il faut souffrir ;
> Mais une charge plus dure
> Dont on ne peut me flétrir,
> C'est la taxe du parjure :
> Jurer, c'est plus qu'obéir.
>
> *(Extrait d'une brochure de l'auteur de l'opuscule.)*

Les légitimistes doivent-ils aller aux élections prêter serment de fidélité à Louis-Philippe? Non, mille fois non; autrement il n'y aurait plus de

1

légitime que le triomphe de la félonie, le mensonge de l'égoïsme et l'hypocrisie de la peur.

Quelques dévoûmens un peu essoufflés, dans une noble carrière de résistance morale de quatre ans bientôt, prétendent que le serment politique imposé pour l'exercice d'un droit acquis, n'est qu'une vaine et puérile formalité, et non un acte religieux et de conscience. Alors, pourquoi ce reste de pudeur qui protesterait à l'instant même contre des paroles futiles et oiseuses, à peine prononcées? Pourquoi l'entrave du serment est-elle maintenue avec tant d'obstination par les Chambres, malgré les innombrables protestations de la conscience publique, si ce n'est pour déconsidérer les vertueux légitimistes, s'ils étaient assez aveugles pour se flé-trir par le parjure, et compromettre ainsi leurs honorables antécédens? Comme les républicains, parti d'action, n'ont pas tant de scrupule, cette exigence du serment ne pouvant les atteindre ni les écarter, le juste-milieu qui craint, quoiqu'à tort, nous l'espérons, beaucoup, moins le nombre des royalistes, que la pureté de leur doctrine et la dignité de leur attitude, que leur vaine coalition aux élections, laisse cette entrave comme appât de l'égoïsme, avec ou sans protestation, convaincu, qu'une reconnaissance préalable les place dans la voie de la déconsidération, qui doit finir par la sincérité en commençant par la faiblesse.

Tout serment est religieux de sa nature, parce que celui qui veut qu'il soit sacré, comme il est inviolable, est Dieu lui-même, au nom et par l'intervention duquel il est toujours prêté.

Mais, ajoutent les optimistes de terreur et de l'assitude, un serment qui n'est pas lucratif peut-il être incriminé? Oui, sans doute, et bien gravement. Il est temps de faire taire le respect humain pour le prouver victorieusement.

Ou le royaliste, effrayé par je ne sais quelle panique, est de bonne foi en prêtant son serment, et veut être fidèle à sa promesse; alors avec lui les frais de discussion sont à pure perte, car le prétendu royaliste n'est plus qu'un libéral travesti, une pudibonde victime, qui inspirerait au juste-milieu lui-même plus de pitié que d'orgueil, Ou le royaliste ne se croit pas lié par son serment, et est disposé à le violer à la première occasion; dans cette dernière hypothèse, il est, gratuitement à la vérité, mais bien solennellement à la fois menteur et parjure. Quelle position pour un homme délicat! Ne vaut-il pas mieux s'abstenir, je le demande à l'impartialité consciencieuse? Que l'athée, que l'impie, que le révolutionnaire, comédien de quinze ans, se jouent de tous leurs sermens; comme ils n'ont ni foi ni loi, leurs œuvres doivent être et sont en harmonie avec leurs pensées; mais que le franc légitimiste chrétien, de son autorité privée, sinon abroge le décalogue, du moins compose avec un texte aussi précis que clair de la loi divine ; c'est ce qui ne peut être et ne sera jamais, ou la société n'aura plus de jalons pour se guider, ni de principes pour se conduire. On peut varier d'opinions et de sentimens sur des abstractions métaphysiques, sur des doctrines politiques et même morales, mais on doit être d'accord sur les principes.

Tout électeur est parfaitement libre d'aller ou de ne pas aller aux élections ; il n'est pas, comme le juré, condamné pour son absence à une amende considérable ; il n'est pas comme le voyageur à qui on demande la bourse ou la vie dans le chemin étroit et couvert où il est contraint de passer pour se rendre dans ses foyers. Sa mission est toute facultative ; si elle lui répugne, il peut s'en abstenir en toute sûreté et sans dispense.

Mais on veut, ou on feint de vouloir un bon député ; absurde et faux prétexte le plus ordinairement, pour pallier son inconstance et sa timidité. On ne s'informe même pas si on a quelques chances de succès pour un bon choix, on ne s'est pas compté ; qu'importe ! on ira prêter serment à Philippe. L'occasion est déjà une assez bonne aubaine pour le trembleur qui ne l'avait pas encore rencontrée. Ce sera donc bien moins pour nommer un bon député (ce qui est presque improbable), que pour pactiser avec la peur d'abord, et le système plus tard, et donner acte authentique de sa docile soumission. Si elle existe encore, sur quel terrain se placerait la fidélité? quelle faiblesse, pour ne pas dire quelle faute? quelle perte on ferait dans sa propre estime? que deviendrait la loyauté?

Cette pusillanimité nous paraîtrait moins graciable encore dans l'homme indépendant des élections, que la conduite d'un malheureux fonctionnaire, ou d'un pauvre pensionné, quand son existence dépend de son état ou de sa pension, et qu'il se trouve contraint de prononcer, quoique souvent à huis clos (ce qui est moins scandaleux que dans une grande assemblée), un serment qui répugne à sa conscience, mais dont le refus peut l'exposer à mourir de faim avec sa famille.

Je résume l'importante question dans le peu de mots qui suivent. Un faux serment aux élections est non-seulement un sacrifice qu'on ne peut imposer aux royalistes, mais un échec à leur honneur et à leur conscience : à leur honneur, parce que la violation d'un devoir, et surtout d'un principe, ne peut être modifiée aucunement par n'importe quelle protestation mentale, verbale et écrite ; à leur conscience, qui serait assez téméraire pour avancer que l'éternelle perfection, l'immuable vérité, pour opérer un bien, se plaît à prendre le men-

songe et le parjure pour auxiliaires ? Cette double
hérésie ne serait rien moins qu'une abjuration formelle de foi politique et religieuse. Ce serait imi-
ter servilement, dans ce qu'elle eut de plus dé-
loyal, la conduite de nos adversaires, que nous ne
cessons, avec tant de raison, de leur reprocher
tous les jours. Quel exemple à donner et à suivre !
Espérer dans la providence, serait-ce une exalta-
tion? croire en Dieu, en observant ses comman-
demens, un fanatisme ?

J'adresserai, à cette occasion, à la jeune France,
l'espoir de notre pays, les quatre stances inédites
suivantes :

Quand tout commence et tout cesse,
Au seuil de l'éternité,
Dieu recueille avec tendresse
La fidèle piété.
Mais espérer que le vice
Comme vertu soit traité,
C'est croire que sa justice
N'égale pas sa bonté.

Français à la fleur de l'âge
Qui bravez noble hasard,
Gens d'honneur et de courage,
Avez-vous un Ciel à part?
Vers l'immortelle patrie,
Tournez un regard constant;
Là, votre mère chérie,
Votre père vous attend.

Serait-ce en foulant la cendre
De vos aïeux vénérés.,
Que vous nous feriez comprendre
Le bien que vous désirez?
Héritiers de leur courage,
Vous le serez de leur foi ;
Le vrai héros rend hommage,
A Dieu d'abord, puis au Roi.

Fuyez l'esprit de ténèbres,
Ne souillez aucunement,
Pas plus vos mains que vos lèvres
De mensonge et faux serment.
. Si la trompeuse promesse
Répugne à votre candeur,
Jusque dans votre vieillesse
Vous conserverez l'honneur.

Le plus vigoureux athlète ne peut tenir long-
temps avec honneur dans une fausse position.
L'imperturbable Berryer lui-même, cet intrépide
champion de la légitimité, placé sur un terrain
glissant, prête le flanc au pugilat de son impla-
cable adversaire. Le principe de la liberté comme
celui de mon mandat, dit ce célèbre publiciste, me
permettent de combattre, dans toute la latitude de
mon indépendance politique et consciencieuse, ce
que j'appelle l'usurpation, et de rappeler de mes
vœux Henri V, dans lequel est personnifiée la légitimité, seule garantie du repos, de la dignité et du
bonheur de la France. Votre doctrine est fausse,

lui répond le président de la Chambre; le serment
que vous avez prêté à Louis-Philippe aux élections
et confirmé à la Chambre, est une reconnaissance
authentique, une consécration solennelle du droit
qu'il tient du vœu de la nation; ainsi votre conscience si élastique en le transgressant, vous conseille le parjure et la perfidie. Cette logique incisive
de l'ironie n'est pas moins un sarcasme sans répli-
que; Berryer n'en fit point. Ainsi, d'après ce que
Dupin, interprète de la Chambre qui lui applau-
dit, établit de nouveau et qui n'avait déjà pas besoin d'explication, toutes les assemblées électives,
à fortiori au renouvellement intégral, deviendront
un autre Champ de Mai où les notabilités royalistes,
par leur serment à Louis-Philippe, iraient ratifier
son joyeux avénement au trône de France, et prononcer l'exhérédation à toujours de la légitimité de
la branche aînée, et l'investiture de son successeur.

Approfondissons la haute portée de l'interpel-
lation du président. Qu'on y prenne garde, la démarche du vote royaliste acquiert une nouvelle et
bien plus haute gravité dans une élection générale,
après quatre ans de l'intronisation encore pré-
caire de l'orléanisme. La question devient com-
plexe; celle de la nomination d'une Chambre est
la moins importante. L'avertissement de Dupin n'est
pas sans loyauté. C'est une fin de non-recevoir d'un
homme d'affaire, en faveur d'un royal client en

possession d'un titre en forme, contre un débiteur compromis par une promesse légale, imprudente mais réelle, en même temps qu'une condamnation par une Cour souveraine, devenant, par l'organe de son président, créancé à cet effet, un manifeste, pour servir de jurisprudence sur la nature de l'obligation imposée avant d'être souscrite, à ce qu'il n'en soit prétexté cause d'ignorance. La faute commise avec connaissance de cause consisterait dans une reconnaissance explicite à l'occasion d'une opération qui ne peut lui être étrangère. Le piége est tendu; libre à ceux qui voudront se jouer avec l'élasticité de ses ressorts de s'y laisser prendre. Les journaux semi-ministériels, le *Temps*, le *Messager*, les feuilles révolutionnaires propagent la même doctrine. Ralliés cette fois contre nous, ils ont tous le même mot d'ordre. Qui peut avoir foi dans de semblables organes? Les sentinelles de la fidèle loyauté doivent crier : Garde à vous, l'ennemi est proche, il veut vous faire prisonniers ; vos amis même trompés, ou aveuglés, vous trompent. Il sera trop tard de protester isolément contre un vote politique que revendiquera le pouvoir de fait comme une sanction de son existence encore mal assurée aux yeux des puissances de l'Europe comme aux vôtres.

La faiblesse est un crime attirant le mépris.
Le mépris compromet la gloire de Dieu même :
Dieu supporterait moins un mépris qu'un blasphème.
(*Extrait d'une brochure de l'auteur.*)

Cet incident, préparé pour la circonstance, rappelle ces mémorables paroles de Châteaubriand qui peut-être s'en souvient à peine lui-même : Je ne concevrai jamais ces brevets exclusifs d'infidélité que s'octroyent à elles-mêmes certaines personnes jalouses de rester en scène pour acquérir une pitoyable célébrité. J'ai lu quelque part cet aphorisme : Le plus beau talent obtient plus de mépris que de succès quand il ouvre sa carrière par un parjure. Qu'il me soit permis, dans une digression étrangère d'abord à mon sujet, mais qui y ramènera naturellement en terminant quelque rapprochement de Louis XIV avec Napoléon, de révéler toute l'horreur qu'inspirèrent à ce dernier la perfidie, le mensonge et le parjure, quand la vérité tout entière s'offrit à son cœur désabusé des prestiges de l'ambition, et desanchanté et des illusions de la puissance.

CHAPITRE II.

—

Louis XIV et Napoléon.

Opinion de ce dernier sur la foi du Serment
politique. . .

Le siècle de Louis XIV a, sur celui de Napoléon
qui peut bien aussi, pour la gloire, donner le nom
au sien, l'immense avantage de cumuler tous les
genres d'illustration, tous les mérites, tous les
triomphes de perfection. C'est une constellation
sans nuages. Si celui de Bonaparte vit éclore de
grands guerriers, naître des jurisconsultes qui ré-
digèrent à la hâte un Code, volumineuse compila-
tion des lois anciennes et nouvelles, plein d'ana-
chronismes, controversé par l'expérience et mutilé
par l'impérieuse nécessité, il n'a point produit de
ces magistrats éminemment intègres justement vénérés, tels que les Lamoignon, les vrais Séguier,
les Letellier et les d'Aguesseau. Certes, si les
Turenne et les Condé ont eu de dignes rivaux
dans un Moreau, ce moderne Xénophon, un Berna-
dotte qui, à son école, sut se faire et se maintenir

roi, un Beauharnais, son plus glorieux élève, si
digne de son alliance royale, et tant d'autres. Si
Vauban a trouvé un émules dans Marescot, il n'a
rien à opposer aux Jean Bart, aux Tourville et
aux Duquesne, et la folie de son blocus continental
n'était que l'expression du désespoir de sa médio-
crité relativement à une puissance sans rivale sur
son élément, comme il l'était lui-même avec ses
lieutenans sur les champs de bataille. Il ne pouvait se rassasier de victoires, et laisser respirer la
France, sans ajouter chaque jour quelques con-
quêtes à son territoire, c'eût été lui donner le loi-
sir de regretter cette légitimité qui ne redoutait pas
plus la paix que la guerre. Brave et conquérant
comme Alexandre, Pichegru fut, a-t-on dit, son
Parménion. Aussi grand capitaine que César, et non
moins entreprenant, il fût aussi, comme lui, tombé
au pied de la statue de quelque Voltaire ou Jean-Jac-
ques, si les lâches fanfarons de la licence, qu'ils ne
pouvaient plus exploiter sous le nom de liberté,
avaient eu l'audace des Cassius et l'aveugle dévoû-
ment des Brutus. Il n'eut pas le temps de créer
des Mécène, des Horace et des Virgile comme
Octave, moins digne que lui du nom de Grand et
même d'Auguste, si le génie militaire et celui de la
conquête contribuent le plus à obtenir cette double qualification. Sa renommée ne doit pas moins
envier à Louis-le-Grand les administrateurs civils de

son choix, tels que les Colbert, les Louvois. Le
grand architecte qui fit bâtir le Louvre et Versailles,
comme il construisit l'édifice de son siècle, fut le héros lui-même. Corneille, Molière et Racine , dans
leur sphère, furent à la hauteur de celui qui encou-
rageait les talens et couronnait les vertus en les con-
sultant. Bossuet, autorisé à censurer avec courage
une action qui ne pouvait être innocente à ses
yeux, quand interrogé par le monarque si on pouvait aller au spectacle qu'il fréquentait, le sublime
évêque de Meaux lui répondit : Sire, quoiqu'il y ait
de trop grands exemples pour, il y a de plus fortes
raisons contre. L'auteur de Télémaque, ce rival
désintéressé, ce compétiteur modeste, et comme à
son insçu, du mérite de l'auteur de l'Histoire uni-
verselle ; le classique Rollin, qui était pour tous les
genres de littérature ce que fut Horace, et ce
qu'était le didactique Boileau dans l'art d'ensei-
gner les règles de la poésie, en joignant la leçon à
l'exemple : voilà les grands maîtres qui n'ont été
surpassés ni atteints par les encyclopédistes du
xviiie siècle, leurs successeurs et leurs adeptes. Napoléon, il faut l'avouer, pour la gloire de son nom
et l'orgueil du siècle dont il fut le plus illustre
contemporain, ne fut pas moins grand lorsqu'il
sentit le besoin d'être juste envers Dieu d'abord,
si l'on peut s'exprimer ainsi, et conséquemment
envers les hommes, que lorsqu'enivré dans le tor-

rent de ses victoires il pouvait dire aussi: *Veni, vidi,
vici*. Le rétablissement de la religion, sans laquelle
on bâtit sur le sable, le rappel d'une classe entière
de proscrits, sont des trophées impérissables de sa
colossale domination. On a su, non pas aussi clai-
rement par ses mémoires que de source plus certaine, les reproches qui ont empoisonné la fin
de cette glorieuse et infortunée existence, après laquelle soupirait si ardemment et depuis si long-
temps la perfide Angleterre. On a su les remords
cuisans dont son âme était déchirée sur trois actes
bien coupables de sa vie : la mort du duc d'Enghien,
le maltraitement du souverain pontife, et la guerre
contre l'Espagne à la suite d'une insigne violation
du droit des gens. Il a cruellement expié sur le rocher de Sainte-Hélène cette triple trahison, pour
servir de grand enseignement à toutes les préva-
rications du monde, rarement impunies, même du
vivant de ceux qui les ont commises. Si l'enlève-
ment furtif et le massacre d'un prince inoffensif à
qui il avait été promis sûreté de sa personne, pour-
vu qu'il ne rompît pas son ban, n'ont pas été sui-
vis d'un coup de foudre; si sa main n'a pas séché
comme celle d'Osé quand il l'a levée sur l'oint du
Seigneur ; si sa fourberie envers Ferdinand n'a pas
eu un châtiment subit, ces crimes qualifiés par lui-
même de tyrannie, de mensonge et de parjure, ces
infractions aux lois de l'équité et du devoir ont

attiré sur ce malheureux grand homme la ven-
geance tardive mais inévitable de la justice divine.
Sa main, plus coupable que son cœur, n'a été meur-
trière qu'à l'instigation d'un apostat et d'un géné-
ral mort récemment ; le premier, éternel scandale
incarné, pour trouver dans son maître un traître
presqu'aussi criminel que lui ; le second, jouet et
instrument d'un infâme, pour obtenir l'appui de
l'un et les faveurs de l'autre. On sait que Savary,
imitant son empereur à la mort, terrible moment
où la vérité se fait jour pour l'instruction des
vivans, a renouvelé l'accusation formelle contre
le vieux parjure, comme l'ayant trompé indigne-
ment sur les intentions de Bonaparte, qui ordonna
le sursis à la fatale exécution par l'entremise de
ce misérable, qui le lui transmit seulement quand
la victime était tombée.

Voici dix vers extraits d'un ouvrage imprimé
lors du sacre de Charles X. J'ignore s'ils sont par-
venus à leur adresse. Le hasard fit placer le grand
chambellan sous un crucifix, dans le chœur de
la cathédrale de Reims.

Un Christ est suspendu sur sa tête coupable ;
Cette image importune a son cœur vient s'offrir,
Il ne convoite pas cette croix honorable ,
Qu'on n'obtient qu'en souffrant , qu'on prend pour mieux
A ses yeux fascinés en vain elle rappelle   [mourir.]
Le Sauveur expirant pour son âme rebelle ;

Il ne se souvient plus que c'est la piété ,
Qui pour sanctifier jusqu'à la récompense ,
Emprunta de l'autel ce signe respecté.
Sur un cœur d'apostat la croix est une offense.

En appelant le souverain pontife pour légiti-
mer le mariage dont il pouvait espérer des re-
jetons , le respect humain n'empêcha pas Napo-
léon-le-Grand d'abaisser devant la thiare la cou-
ronne impériale. Il jura d'être fidèle , et le fut
dorénavant , à l'épouse que son ambition lui fit
rechercher et sa puissance obtenir , dans l'intérêt
de la dynastie dont il se croyait l'immuable fonda-
teur., en s'alliant à la fille des Césars. La nais-
sance d'un prince le confirma dans cette illusion.
Que nous reste-t-il de cette merveille du xix° siècle ?
Pas même un peu de cendres ; car l'Angleterre
les garde comme s'il pouvait en renaître un autre
Napoléon , si elles étaient transportées dans la
ville qu'il voulait rendre la capitale de l'Europe.
Dans la maturité de l'âge et de la réflexion , il
détesta la félonie et le parjure : Que faites-vous ici,
dit-il à un garde-du-corps qui avait, aux Cent-Jours,
abandonné son drapeau ; votre place est à Gand.
Je n'ai pas de confiance dans un parjure ; tout
serment violé en est un. Il a protesté contre cette
violation par le regret de s'en être lui-même rendu
coupable. Examinons maintenant ce que c'est
qu'une protestation , et nous rentrerons pleine-

ment dans notre sujet, dont nous nous sommes peut-être trop écartés en citant, d'abord, un grand prince, modèle de fidélité dans ses traités, supérieur, sous ce rapport et sous ceux que nous avons établis, à notre héros contemporain d'ailleurs rayonnant d'autant de gloire, et de plus, digne d'estime pour avoir reconnu que la foi d'une simple promesse, à plus forte raison celle d'un serment solennel, doit être scrupuleusement gardée, sous peine de mépris de la part des hommes, d'anathème de la Providence, de cuisans remords, d'infortune, d'exil et de mort.

CHAPITRE III.

Mérite d'une protestation dangereuse. — Fausse
démarche, inutile mesure; si elle n'est pas
coupable, de la protestation après le vote.

L'application du passage suivant d'un ouvrage
imprimé en 1825, aux circonstances, surtout aux
hommes qui sont en scène ou qui veulent s'y
mettre, servira d'introduction à ce chapitre.

> S'il faut, pour parvenir, se mépriser soi-même,
> Mentir à sa raison, à son cœur, à sa foi,
> Approuver ce qu'on blâme et haïr ce qu'on aime,
> Obtiendra-t-on, Vertu, ce parjure de toi?
> Sans doute on l'obtiendra; les honneurs, la richesse
> Rencontrent-ils beaucoup de solides vertus!
> Les faibles ne sont pas long-temps irrésolus;
> L'ambition aux forts impose la faiblesse.

Et ailleurs :

> . . . . Un emploi lucratif
> Dans la main du pouvoir tient mon vote captif.
> Faudra-t-il, sans pitié pour toute ma famille,
> Contre un beau sentiment échanger mon bonheur,
> Vouer à la misère et mon fils et ma fille?
> On jeûne avec l'estime, on ne vit pas d'honneur.

Là protestation, pour être efficace et méritoire aux yeux de Dieu et des hommes, doit être un acte spontané et authentique de regret, une rétractation désintéressée, l'aveu formel d'une erreur, d'une faute et même d'un crime; l'accusation solennelle portée contre autrui ou contre soi-même, d'une grande injustice commise, ou sur le point d'être consommée. Si elle est aussi quelquefois, comme dans la circonstance, un appel comme d'abus, il faudrait au moins que celui qui en peut connaître ne soit pas lui-même intéressé à maintenir cet abus pour sa conservation. C'est la manifestation du repentir de St Pierre qui se dévoue au martyre en protestant contre son apostasie d'un moment.

Pour donner un exemple frappant d'une généreuse protestation de nos jours, qui exposait ses auteurs à une mort presque certaine, il ne faut que se rappeler la conduite d'un Morisson, d'un Duchâtel, d'un Déchezeau qui, valétudinaires, se firent porter à la Convention pour protester contre l'inique jugement qu'on allait rendre contre Louis XVI, en déclarant, en présence de vrais cannibales, qu'un roi, même coupable, n'est pas justiciable de ses sujets, à plus forte raison quand c'est la vertu assise sur le trône.

Des ecclésiastiques, abusés par un reste de faiblesse humaine, ont le malheur de prêter un serment que leur reproche bientôt leur conscience mieux éclairée : que font-ils pour réparer ce scandale? Ils montent en chaire pour que leur rétraction soit plus éclatante, et se condamnent ainsi, les uns à une mort certaine et prompte, les autres à une déportation dans les déserts de Sinamary. Voilà des protestations d'autant plus honorables qu'elles sont plus éminemment dangereuses. Je comprends toute la pureté, toute la magnanimité de cette héroïque conduite. Mais qu'un légitimiste, en allant aux élections, proteste, en faisant un serment que personne ne le contraint à faire, contre un acte de son libre arbitre; qu'il donne sciemment et sans regret ce scandale contre le commandement divin qui lui dit : Dieu en vain ne jureras; qu'il se croie justifié par le motif suspect qu'il donne, qu'il sert la société par un parjure, et que sa conscience est acquittée dès qu'il annonce qu'il agit avec connaissance de cause ; c'est comme si un chrétien se jouait assez du tribunal même de la pénitence pour le rendre témoin d'iniquités qu'il regarderait comme nécessaires pour sa purification, en commençant par y reconnaître et servir l'ennemi de son salut.

Que penserait-on d'un époux qui, au moment même où il manquerait à la foi conjugale, croirait se justifier en disant: Je commets un adultère, je ne peux le nier, mais je n'en conserve pas moins à

mon épouse légitime mon cœur et mon estime ;
ce n'est que pour fortifier le mépris que je porte
à ma concubine que je cède à la violence de la
tyrannie qu'elle exerce sur mes sens ? Dans quel
code de morale trouverait-on une autorisation ,
une excuse valable à cette prostitution ? La protestation avant le vote, qui est louable et qui est
en même temps ce qu'il y de mieux à faire , ne
peut frayer un chemin à aucun résultat positif aux
élections ; tandis que le vote et la protestation si-
multanés compromettent évidemment la conscience de l'électeur , et non le sort définitif des
élections. Car si, ce qui n'est nullement probable,
les élections offraient des chances défavorables au
souverain de fait, il saurait bien y pourvoir en se
maintenant envers et contre les élections. Le vérita-
ble collége électoral permanent pour lui est l'armée;
c'est là qu'est sa majorité non fictive, et son dévoû-
ment est la seule chance à laquelle il attache un
grand intérêt comme dans un avant-coureur de vie
et de mort; avec une armée à discrétion, les coups
d'état de dissolution de Chambre , même de nouveaux modes d'élection , ne seraient qu'un jeu. Le
conseil de l'expérience, en démontrant la nécessité
de cette mesure, ne laisserait pas à la discrétion
d'une aveugle confiance les suites de son exécution. Le caractère de fer de Soult est à lui seul une
puissance plus formidable que deux cent mille

électeurs, dont au surplus les cinq-sixièmes figu-
rans au moins , dans ce moment *où la poire n'est
pas encore assez mûre pour tomber d'elle-même*,
sont à la dévotion d'un système opposé à celui
de l'ordre, de la justice, et d'un gouvernement
tel que nous le comprenons pour le salut de la
France.

Tout est donc fini? m'objectera-t-on. Non, ré-
pondrai-je. Je compte sur un autre appui que
vous. Mais, continuera-t-on, il faut donc se rési-
gner à son sort, tout malheureux qu'il est, puis-
qu'on ne veut rien entreprendre pour en changer?
Je dirai : La patience de l'homme de bien, qui n'est
pas sitôt épuisée, peut prendre ce parti sans reproche et non sans espérance. La société languit, mais
ne meurt pas, parce qu'elle est mal conduite, et
que dans la maladie qui la travaille, une inspira-
tion d'en haut, jointe à un état insupportable,
n'ont point encore déterminé la crise où le ma-
lade doit appeler le seul médecin qui puisse bien
connaître ses souffrances et y remédier; d'ailleurs
il a peut-être encore besoin de plus de temps que
vous ne pensez pour se corriger des mauvaises
habitudes qui l'ont mis déjà dans une situation
déplorable; attendez au moins avec constance la
fin de son délire, il sera peut-être moins long que
vous ne le craignez. Pauvres conspirateurs pour
le bien de votre pays, machinateurs de bonne foi,

si c'est de vive force que vous voulez rentrer dans
des droits bien légitimes, et que vous n'ayez pas
quelques centaines de mille hommes pour fo-
menter une insurrection un peu importante, et
quelques centaines de millions pour la soudoyer ;
votre ennemi sourira de pitié aux vains efforts de
votre mesquine tactique, et vous serez non-seulement vaincus dans une lutte horrible autant
qu'inégale, mais déconsidérés, ce qui serait pour
lui un triomphe qui ajournerait sa défaite, ayant
tout à craindre d'une résistance morale qui ga-
gnera ses propres rangs, et la seule que vous
puissiez lui opposer avec succès ; cette force ne
vous manquera que le jour où vous vous serez
manqué à vous-mêmes.

Je suis poursuivi par un inexorable créancier ;
je peux me libérer en volant mon bienfaiteur et
mon maître, qui, dans l'éloignement où il se
trouve, d'après la fidélité qu'il m'a toujours con-
nue, ne m'imputera pas cet abus de confiance ;
mais je promets de lui restituer la somme volée,
et proteste contre la nécessité où je me place de
disposer du bien d'autrui pour sauver le mien.
De quelle ressource, même au tribunal des hommes, deviendra cette protestation pour ma défense,
quand je serai convaincu de vol avec effraction
dans une maison où j'étais reçu de confiance dans
l'absence du propriétaire ? Ce n'est point avec des

sophismes qu'on persuade qu'un serment n'est pas un serment, et qu'on dénature les expressions textuelles qu'il contient.

Ou l'action contre laquelle on proteste est innocente, ou elle est coupable : si elle est innocente, la protestation devient inutile et même absurde; si elle est coupable, aucune protestation ne peut la justifier. Voilà le simple rudiment du bon sens, le catéchisme de notre enfance.

CHAPITRE IV.

Le Clergé inconsidérément mis en cause comme exemple et comme autorisation. — Ses devoirs distincts de ceux des laïques.

Des progrès dans le crime et la cupidité
Sont les brillans succès d'un siècle si vanté.
Loin d'admirer du temps le trop mobile empire,
Quand il n'est que pervers, hâtons-nous de le dire.
D'un fléau dévorant pourquoi nous rapprocher?
Avec notre ennemi gardons-nous de marcher,
On fuit avec raison une mer orageuse.
Le pilote voit-il l'écueil appréhendé ,
Il tourne du rocher la pointe dangereuse.
Le nautonnier suit-il un torrent débordé?
Faisons rétrograder les erreurs et le crime ,
Capituler le vice et non pas la vertu.
Celui qui sacrifie au siècle corrompu ,
De son idole un jour peut être la victime.
Prétendra-t-on qu'il faut, pour se mieux maintenir ,
Dégrader le présent pour sauver l'avenir !

(Extrait d'une œuvre de l'auteur.)

Mais , prétend-on , le clergé est d'avis qu'on aille aux élections. Temps déplorable, où pour

déconsidérer les régulateurs des consciences,
on les offrirait comme moins scrupuleux que ceux
qu'ils sont, par leur saint ministère, chargés
de diriger! Il faut pourtant aborder franchement
cette question, et la résoudre surtout sans man-
quer au juste respect que méritent les ministres
des autels.

La rapidité des evénemens de juillet n'a point
permis au clergé de France, qui, d'ailleurs, n'a
pas le droit de prononcer souverainement sur une
matière aussi délicate hors d'un concile œcumé-
nique, de consulter sur une catastrophe imprévue
la sagesse innée du souverain pontife. Le gouvernement improvisé n'a pas lui-même donné le
temps aux évêques de se reconnaître. Le suprême
pasteur a trouvé des dispositions déjà prises sans
uniformité sur certains points; sa haute prudence
n'a dû condamner les sentimens de personne; il
ne pouvait surtout le faire par une lettre encycli-
que : comme puissance temporelle, il se conforme
à la résolution des potentats de l'Europe; comme
autorité spirituelle, il ordonne soumission au
pouvoir imposé dans la colère comme dans la mi-
séricorde du Seigneur. Mais il y a loin de cette
obéissance passive recommandée spécialement aux
ministres de la religion catholique, apostolique
et romaine, à l'insinuation positive et même im-
plicite à ces ministres de travailler les consciences

politiques en leur inspirant une coopération im-
médiate et active à la stabilité de l'usurpation.

Le maintien de la foi, le principe *Obedite prin-
cipibus etiàm discolis* devaient prévaloir au Vatican
pour recommander et ordonner même au clergé
de France cette soumission dans l'essence de l'esprit du christianisme. Il fallait éviter les chances
si déplorables d'un schisme semblable à celui qui
a déchiré le cœur de l'Église, par la séparation de
l'Angleterre, de la communion de Rome. Le philo-
sophisme hypocrite révolutionnaire n'aurait pas
mieux demandé que le pape se mêlât inconsidérément des droits perdus ou conquis de la branche
aînée ou cadette. Il eût crié à la violation de ceux
de l'Église gallicane, et aurait au moins tenté de
déposer le successeur de Charles X, si, comme
Henri VIII, il n'avait pas secoué le joug de l'autorité pontificale. Jésus-Christ a dit : Rendez à César
ce qui est à César. Pie VIII n'avait aucune raison
plausible de provoquer un schisme en France à
l'occasion d'un changement de dynastie ; aussi la
conduite mesurée du Saint-Père a fait contracter
une grande reconnaissance à tous les fidèles.

Que quelques évêques, allant plus loin, aient
fait une incursion sur le domaine civil sans croire
compromettre la discrétion de leur caractère tout
évangélique, c'est ce qu'on ne peut dissimuler.
Peut-être cet axiome, Dans le doute abstiens-toi,

aurait-il été une plus sûre boussole relativement
aux sermens aux élections , comme pour la conservation de places rétribuées. L'isolement de tout
ce qui est politique et affaire de ce monde, le refus
de prendre part à ces actes en dehors de leur mission sainte, ont concilié à ceux qui sont restés dans
cette ligne de circonspection le respect et l'estime
générale; tandis que les premiers, en s'immisçant
dans le for intérieur de la conscience civile et
politique, se sont exposés, avec les meilleures intentions sans doute, à passer pour vouloir des-
cendre dans l'arène des partis.

S'il en est qui, par condescendance plutôt que
par conviction, ont fait publier que la mort du
duc de Berry était un crime isolé, la révolution de
juillet doit les avoir pleinement désabusés, et son
héroïque veuve réclame des droits à leur apostolique charité.

Ce serait une erreur de croire que la majorité
des prélats français ait adopté seulement la doctrine
du Conseil en faveur du serment politique : cela
ne pouvait être et n'a pas été ; comme il ne peut
exister aucun bref formel de Sa Sainteté sur la matière recommandant et encore moins prescri-
vant aux premiers pasteurs de l'église de France,
d'exercer toute leur influence, et même une influence quelconque, pour déterminer les légitimistes à aller aux élections prêter le serment en

question. Dans quelle fausse position se trouverait donc un ministre du Dieu de vérité, qui seulement inviterait un légitimiste droit et ferme de
faire cette démarche, quand cet électeur l'averti-
rait d'avance qu'il ne peut trahir ses sentimens,
mais que s'il obéit cette fois, à la première occasion il servira la cause qu'il croit la plus juste, et
qui peut seule garantir la prospérité de son pays?
Le prêtre se trouverait dans l'alternative pénible
ou de convertir son pupille consciencieux à l'usurpation, ou de l'absoudre de son manque de foi :
quel prosélytisme d'une part! quelle indulgence
pour le parjure de l'autre!

Je terminerai ce chapitre, bien grave pourtant,
par un épisode succinct qui aurait dû trouver place
dans le précédent; c'est une anecdote historique
propre à dérider le lecteur. On sait qu'il existe
trois espèces de protestation : la protestation mentale, verbale et par écrit. Lors de ma réintégration,
après les cent jours, je rencontrai un honnête
peureux à qui je témoignai mon étonnement de sa
faiblesse en fait de serment : J'ai protesté, me dit-
il. Je l'ignorais, lui répondis-je. De quelle manière? Par écrit. Très-bien, je vous en félicite
d'autant plus que vous n'en n'aviez pas tiré vanité;
je n'ai trouvé que votre serment sur mes registres
et non votre protestation : est-elle restée entre les
mains de mon prédécesseur ? Non certes. De votre

maire ? Non. Du préfet ? Pas plus. Qu'en avez-vous donc fait ? Pour qu'elle ne s'égarât pas , je l'avais enfouie dans mon jardin avec mon argenterie.

CHAPITRE V.

Grande fédération de trois journaux sur la nature
du serment électoral. — Conclusion.

Une grande coalition vient de se former à Paris
entre trois journaux ; c'est celle de la *Gazette de*
France, de la *Quotidienne* et du *Rénovateur*. Les
trois grandes puissances de la Russie, de l'Au-
triche et de la Prusse, n'ont pas mis plus d'im-
portance dans l'ultimatum de leur résolution aux
congrès de Tœplitz, de Munchengratz et de Vienne,
que ces trois feuilles dans leur manifeste à leurs électeurs, relativement au serment aux élections. Ces
grands casuistes ont prononcé dans leur conclave
un peu plus modeste que le Vatican ; mais ces
nouveaux apôtres méritent toute confiance, leur
infaillibilité est reconnue. La *Quotidienne*, à qui
je trouve moins de bouffissure parce qu'elle reste
dans la voie du droit, donne cependant son con-
tingent à cette fédération puissante, c'est-à-dire
que, par condescendance pour ses illustres et
bien-aimés confrères, sa logique me paraît moins
serrée qu'à l'ordinaire : elle n'approuve pas le

serment, elle ne le conseille pas , parce qu'elle ne sait ce que c'est que de changer d'opinion ; néanmoins elle s'efforcera de faire réussir ceux qui croyaient pouvoir le prêter. Quant à la *Gazette*, qui depuis longues années est autant la maîtresse de ses mouvemens que le vent est maître de la rotation des girouettes , c'est elle qui est chargée, ou plutôt qui s'est chargée elle-même , de rédiger le libellé des protestations des électeurs qui jureront , et de ceux qui ne jureront pas. Son excellent système de vote universel, qui n'est pas le *suffrage* universel, formulé sérieusement en articles de loi , a déjà prouvé si le sort de la France doit lui être confié en toute sûreté.

Le *Rénovateur* au moins n'a point varié comme la *Gazette* : il a toujours soutenu qu'il fallait aller voter aux élections ; sans doute par de bons motifs , que nous sommes éloignés de blâmer. Mais dans le conseil ou concile de ces trois grandes autorités , la question fondamentale n'a pas fait un pas ; elles n'ont même pas défini le serment politique : d'ailleurs, un comité directeur, composé de quinze grands faiseurs au moins et de vingt au plus , en y comprenant ceux qui sont *retenus à la campagne pour leurs affaires et n'ont pu signer*, ont adressé leur adhésion aux protocoles des trois journaux , avec invitation d'annoncer *clandestinement* qu'ils sont les *interprètes de*

toutes les sommités éclairées et consciencieuses de la
France, sur la solution donnée à la question du serment aux élections. On s'étonne que dans une capitale
comme Paris, centre de toutes les communications,
direction générale de toutes les combinaisons politiques et salutaires, qui possède un clergé nombreux et
éclairé, une opposition formidable comme celle du
noble faubourg, tant et de si sublimes dévoûmens,
on n'ait pu proclamer même une demi-douzaine
de ces noms bien sonores, bien éminemment clas-
siques, entraînans par leur autorité, pour ap-
précier la prestation du serment aux élections,
préconisée à l'aide de frais d'érudition profonde,
de recherches heureuses, et de mnémonique bril-
lante, par les deux puissances du grand triumvirat
journaliste. Cette pénurie d'auxiliaires graves,
désintéressés et marquans, malgré des efforts
aussi généreux que vains pour les obtenir par la
déception gracieuse du style, l'harmonie séduis-
sante de la phrase, n'est-elle pas l'assurance d'une
grande détresse du système, ou plutôt la preuve
de son danger et de son inopportunité, comme
celle de la rectitude de la conduite des francs et
loyaux légitimistes, qui ne peuvent pas, en écou-
tant bien attentivement la voix de leur conscience,
prêter un serment dont aucune spécieuse interpré-
tation ne peut altérer la lettre et le sens, aussi

précis, aussi clair sous Louis-Philippe que sous Louis XVIII et Charles X ?

Sauf le temps des révolutions actives, des élections, des émeutes, des mouvemens et bulletins des armées en temps de guerre, la plus grande partie des abonnés même à ces trois feuilles royalistes, qui peuvent s'élever à 25 mille au plus sur 33 millions de Français, ne consultent le plus souvent leur journal que pour connaître le cours des effets publics, la discussion des Chambres, les décisions de l'autorité, les numéros de la loterie, mais lisent peu ou point les réflexions du gazetier; c'est comme on ouvre son almanach pour connaître le quantième du mois, l'époque des foires et marchés, les phases de la lune, et on ne lit pas les prédictions de Joseph Moult ou de Nostradamus. On ne correspond avec les journaux que pour payer leur abonnement; ce n'est que par des intermédiaires salariés, la plupart sans consistance sociale, que les journaux ont des communications souvent mensongères. Cependant écoutez certains d'entre eux : ils sont les organes de l'opinion publique, ils parlent toujours au nom de la France : on fera telle chose, on doit suivre telle marche; leurs prévisions se sont toujours réalisées ; ils sont infaillibles parce qu'on leur a envoyé des prophéties tout accomplies. Certes, la presse royaliste, surtout celle des pro-

vinces, a rendu des services en signalant les abus
de l'autorité locale ; mais elle est loin d'avoir fait
autant de bien que la mauvaise presse a fait de mal :
si l'une se contente de nous donner parfois quelque infusion d'opium, l'autre verse le poison
à pleine coupe dans le cœur du peuple, toujours
disposé à accueillir ce qui flatte ses passions.
Honneur sans doute, et franche reconnaisance
aux propagateurs zélés de l'antidote des saines
doctrines, quand la France est infectée à la fois
du virus philosophique et révolutionnaire , de
l'immoralité, de l'indifférentisme , et que son
cœur , travaillé par les basses passions de la
peur, de l'égoïsme et de la cupidité , est encore
déchiré par le poignard de l'anarchie. Le mieux
serait, dans une société bien organisée, c'est-à-
dire refaite en France, Dieu seul sait quand et
comment , qu'il n'y eût de journaux d'aucune
espèce, si ce n'est un Moniteur sans commen-
taire, et un Bulletin des lois ; sauf à en introduire
de bons , quand la société serait rassise sur ses
véritables bases, celles de la morale et de la religion. Il serait à désirer que toutes les utopies , les
rêveries américaines et anglomanes, le despotis-
me de l'arbitraire , de la déprédation et du sabre,
enfin le machiavélisme de la sordidité, fissent place
à un gouvernement paternel ayant des racines pro-
fondes dans le sol, quoique l'arbre principal qu'elles

ont produit, abattu par la tempête, ne soit encore
régénéré que dans un jeune taillis de belle écorce
et de grande espérance. Alors il ne serait plus
mis en question par de soi-disant hommes d'état,
par des publicistes à tant l'article, délayé dans
d'obscurs sophismes qu'on appelle de la politique et même de la morale, par des réfor-
mistes sous la latte, par des songe - creux
appelés doctrinaires, et même par des hommes à
grands sentimens et à pensées cyniques, à belles
phrases et à mauvaise conduite, si le mensonge est
une qualité ou un défaut; si un serment, n'importe
à qui il est prêté et quelque indiscret qu'il soit,
doit être gardé, et s'il est une autre qualification à donner à celui qui le viole, que celle de
parjure.

Ne vaut-il pas mieux s'abstenir du serment,
quand il est contraire à la bonne foi et à nos
sentimens, quand on peut s'en faire une arme fort
dangereuse contre notre fidélité, notre honneur
et même nos intérêts matériels; et enfin, quand
il est probable qu'il sera sans autre résultat que
celui de nous exposer à la dérision de nos en-
nemis, au blâme de nos amis, et à notre propre
gratuite et volontaire confusion? A Dieu ne plaise
que mon cœur ait la ridicule et coupable intention
de dresser autel contre autel par l'exposé de ma
conviction consciencieuse. Mon impartialité

sévère a voulu voir épuiser la défense d'un système qui n'a aucune autorité à invoquer, ni dans
les fastes de l'histoire sacrée, ni dans les traditions
des hommes. La futilité des objections, la vaine
et presque puérile subtilité des sophismes toujours hors la question, la séduction qu'avait
employée dans nos murs récemment un professeur
philosophique d'histoire sainte, qui, .commençant
par nier le Pentateuque, disposé à contester
le Décalogue, aurait fini par mettre en doute jusqu'à la révélation, ne m'ont pas permis de garder
un long silence sur la violation du serment, dont
l'observance a été ordonnée d'une manière si solennelle à Moïse par l'Eternel lui-même, au milieu
des menaces de la foudre du Mont-Sinaï contre
les transgresseurs futurs de la loi divine.

Poitiers. — Imprimerie de F.-A. SAURIN.